L'EMPIRE

ET

LA TRIBUNE

PAR

M. DE BONNAL

Ex-rédacteur dans la Presse.

> La grande politique extérieure se
> fait avec la puissance du dedans.

—

2ᵉ ÉDITION.

—

PARIS

DENTU, LIBRAIRE	LIBRAIRIE NOUVELLE
PALAIS-ROYAL.	BOULEVARD DES ITALIENS.

1860

Cette brochure était imprimée depuis quinze jours lorsque le décret du 24 novembre, qui étend l'action du Corps législatif, a été promulgué.

Nous profitons de cette nouvelle édition pour déclarer combien nous sommes heureux d'avoir si bien jugé l'Empereur et avec tant d'opportunité.

M. DE BONNAL.

L'Isle-Jourdain, 2 décembre 1860.

I.

Pourquoi disons-nous : l'Empire et la Tribune ? Pourquoi ne disons-nous pas : l'Empereur et la Tribune ?

Quand un homme prend la plume pour écrire sa pensée sur les choses publiques, il assume l'une de ces responsabilités qui imposent tant de devoirs et supposent une méditation si profondément religieuse des intérêts assurant la prospérité d'un peuple et les relations utiles des peuples entre eux, que la qualité d'écrivain politique devient alors un sacerdoce plus redoutable pour celui qui l'exerce, qu'il n'est dangereux pour ceux qui le subissent.

Si la presse se fût toujours pénétrée de ces sentiments d'une consciencieuse raison, la presse aujourd'hui libre et honorée serait puissante et bonne conseillère, tandis que, sortie de nos mœurs, si nos instincts publics l'admettent, nos intérêts sociaux la repoussent.

Les questions que nous allons aborder sont graves. Elles sont d'autant plus délicates qu'elles touchent, il ne faut pas s'y méprendre, à l'une des susceptibilités les plus intimes du pays : la faculté d'être par soi ou de le paraître.

Un peuple de quarante millions d'âmes, qui marche à la tête du monde, ne peut-il pas dignement nourrir de telles prétentions ?

Valait-il mieux se taire ? Vaut-il mieux parler ? Si notre silence assurait celui de l'avenir, nous garderions loyalement le silence : le présent est prospère et ne laisse rien à désirer. Mais, s'il est vrai qu'au lendemain du coup d'État la France sauvée n'ait reconnu et n'ait voulu reconnaître que la volonté du sauveur, il est exact de le dire : à mesure que les distances se font, que la peur se calme, que la confiance politique renaît, les passions, les préjugés, les mécomptes, les principes vrais reprennent leur empire et la France réclamera tôt ou tard la Tribune de sa représentation nationale.

Elle la réclamera et l'obtiendra ! Tant de positions en apparence inébranlables se sont écroulées ; tant d'événements en apparence impossibles se sont réalisés, qu'il est logique de croire au triomphe des principes rationnels.

Du reste, reconnaissons-le avec cette tristesse douloureuse qu'inspire tout désaccord entre les principes humains et leur pratique, par la Tribune se feront entendre de beaux discours et ne s'accompliront guère que de petites choses. Peu importe, la France pourra parler, écouter, poser et se croire libre. Elle dépendra bien d'une comédie en autant d'actes que d'émotions nécessaires aux acteurs et aux spectateurs ; mais le prestige sera pour la liberté, et que n'admettrait pas la France pour des prestiges ?

Incapable alors d'œuvres capitales, le Pays se gardera par instinct de ces erreurs enthousiastes qui compromettent un État ; mais il aura rompu avec les élans unitaires du génie qui constituent la grandeur des nations. On le verra se faire une situation qui n'est ni la gloire ni la honte, ni la détresse ni la prospérité, et dont les allures positives conviennent aux sociétés industrielles, plus conservatrices par la tête, qu'entraînantes et progressives par le cœur.

Nous aurons alors un gouvernement de juste milieu. Il sera en harmonie avec les intérêts publics et en désaccord avec les instincts nationaux.

Comme le gouvernement parlementaire exprime la raison publique et que le juste milieu en devient la vulgaire mais infaillible conséquence, ce gouvernement sera conservé par calcul, non par sympathie.

Il répond à notre constitution sociale, à nos mœurs, à notre fière jalousie des supériorités nominales. Il représente une bourgeoisie aristocratique, tout aussi aristocratique que la noblesse bourgeoise des temps modernes et vers laquelle tout monte ou tend à s'élever. Il est soldat, industriel, magistrat, commerçant, agriculteur. Il est la richesse publique. Par lui, la loi sur les successions, destructive des castes natives, a sa raison d'être et produit ses pleins effets.

Mais l'instinct français est chevaleresque et ce gouvernement l'est fort peu. Il faut cependant le dire, les instincts nationaux s'effacent sous la pression des intérêts et les peuples, comme les individus, s'acheminent vers une unité morale vulgaire, compatible avec une forme gouvernementale commune.

Le gouvernement absolu, par un homme de génie, représente en France la suprême expression des gouvernements; toutefois, le trône n'enfante pas nécessairement le génie et, par un homme mauvais ou médiocre, l'absolutisme ne saurait tenir de notre temps, parce qu'il blesse le sentiment public sans garantir les intérêts généraux.

La république est un beau rêve et une déplorable réalité : elle sourit à la jeunesse et fait sourire l'âge mûr. A divers titres ses perspectives séduisent l'honnête homme et les fripons. Mais ce gouvernement n'est praticable qu'aux enfances extrêmes de toute civilisation, si l'on suppose que l'enfance de leurs infirmités soit l'âge des perfections réunies de l'esprit et du cœur. En attendant que cette supposition consolante passe de l'état chimérique à l'état pratique, les théories républicaines feront des révolutions et des dupes au profit des restaurations monarchiques.

II.

Les circonstances dans lesquelles la France réclamera la Tribune seront un péril et pour le Pays et pour la Dynastie Napoléonienne, parce que la France n'interviendra qu'à l'heure d'une complication grave et que les heures de crise nationale favorisent peu la reprise des pouvoirs par les assemblées délibérantes, longtemps sevrées d'action publique : elles ne gardent alors aucune mesure. Aucune volonté n'est envahissante comme celle qui résulte d'une nombreuse réunion d'hommes.

A l'état normal et dans la plénitude des forces de Napoléon III, le Pays confiant et glorieux, heureux et prospère, ne demandera certes pas à faire ce que l'Empereur fait mieux que lui.

Mais l'Empereur est homme. Les lois de la nature régissent son existence et toute vie comporte un retour à Dieu.

C'est donc par dévouement, par un dévouement sans ostentation comme sans faiblesse que nous, victime des représailles de l'Empire, nous demandons à l'Empire de durer et d'asseoir sa large base sur des fondements moins fragiles qu'une solitaire personnalité.

Si Napoléon Ier s'est imposé aux *masses* par le génie *des armes*, Napoléon III s'impose aux *intéréts sociaux* par le génie *des besoins publics.* L'un fut une exception dans le maniement des hommes; l'autre constitue une bien plus rare exception dans le maniement de la richesse publique. Voilà ce qui les distingue et ce qui rend comme providentielle la naissance de ces deux vastes esprits aux deux époques qui convenaient le mieux à leur entier développement. Celui-là sortait d'une révolution enthousiaste, celui-ci pénètre dans un temps de splendeur industrielle.

Aussi, le premier devait-il fonder une Dynastie par les lois du prestige, tandis que le second l'implantera par les lois positives de l'utilité. Pour quiconque juge les hommes sur leurs visées et sur ce qui reste de leurs œuvres, l'esprit de Napoléon III est plus solide, plus pratiquement social et moderne que celui de son chef de race. Il est plus profond, plus savant, mieux nourri par la méditation et porte en lui plus d'avenir, si ce n'est pour sa mémoire — affligeante réalité — du moins pour les peuples, qui se rappellent mieux les gloires meurtrières que la gloire des bienfaits. Il y eut beaucoup de bonheur dans la fortune du premier Napoléon, comme dans toutes les fortunes militaires. Dans les combinaisons mathématiques du second, sur des matières fécondes, mais sans éclat pour le vulgaire, toute impartialité loyale rencontre une pénétration hors ligne du temps, des mœurs, des nécessités publiques : une calme expansion du cœur vers les aspirations de tout ce qui, mal à l'aise, cherche le mieux. On trouve surtout dans cette bouillante Tête, froide par raison, aussi absolue que celle du premier Empereur, mais plus soumise au respect humain, cette dignité philosophique ou religieuse qui place sa fierté dans le bien qu'on peut faire aux hommes plutôt que dans celui qu'on en peut recevoir.

L'opinion chez nous use rapidement toutes choses. Regardez en arrière. Et il se trouve toujours au service du délaissement public une puissance suffisante pour détruire et pour remplacer. Un Pays légal ne fit jamais défaut au Pouvoir de fait. La vue du Pouvoir nous enivre ; mais après l'ivresse vient le dégoût. Ce que nous applaudissons avec furie, demain nous le sifflons. Un peuple devrait mieux comprendre le respect du passé, la dignité de soi et les incertitudes de l'avenir : il exposerait son caractère à de moins rudes leçons. Un tel spectacle démoralise le dévouement, ébranle la foi, éteint l'enthousiasme et, ce qui est pire, constitue en dupe tout gouvernement généreux.

Disons-le donc, si dynasties, si gouvernements se succèdent sans relâche dans notre pays, les seules institutions rationnelles survivent ou s'imposent aux souvenirs et aux aspirations. Or, aujourd'hui la clef de voûte de l'édifice public, la raison d'être du gouvernement, l'institution capitale de la première nation du monde, c'est l'Empereur !

Est-ce assez pour couvrir la France et une Dynastie contre l'instabilité moderne qu'une simple vie d'homme ?

III.

L'Empereur a déjà beaucoup fait. Quelques-unes de ses œuvres valent à elles seules vingt règnes bien remplis. Il a restauré ; ne doit-il pas consolider ?

Nous le répétons : Il n'existe aujourd'hui en France qu'un seul principe politique : l'Empereur ! hors de lui le vide ; après lui le néant !

Est-il un seul propriétaire, un chef de famille, un ouvrier laborieux, un magistrat, un fonctionnaire, en un mot, un seul citoyen prévoyant et sage qui, avec le besoin de permanence nécessaire au développement de la richesse matérielle et morale d'un grand État, ne doive trembler à toute heure sur la situation du Pays et sur la sienne propre, ses intérêts les plus chers ne tenant que par un cheveu au-dessus d'un abîme de confusion ?

La vie de l'homme est si fragile et la prospérité nationale exige une confiance si absolue !

Les partis ne se laissent jamais réduire par la bonne foi. Le règne de Napoléon excitera leur admiration privée; il les enrichira et, aux jours de circonstances critiques, ils reprendront collectivement leurs vieilles habitudes. Les partis préfèrent le pire, avec leur vanité de secte satisfaite, au mieux contre leur opinion. Telle est leur incurable infirmité et tels sont les enivrements du Pouvoir qu'aucun Pouvoir n'a encore douté de son triomphe sur l'esprit de parti.

Il est donc permis à tout citoyen de demander loyalement à l'Empereur ce qu'il a fait pour river au sol et sa race et ses œuvres sociales? Quant aux œuvres, elles vivront d'elles-mêmes : elles font désormais partie de notre existence nationale. Mais la Dynastie? Mais un Pouvoir animé de son esprit, les a-t-il fondés?

Napoléon III dispose de Ministres, de Préfets et de Maires, d'une part; de Maréchaux, de Généraux et de Colonels, de l'autre.

Le tout est puissant et solide d'action du vivant de l'Empereur. Après lui, un simple décret fait tout disparaître ; ou bien, la perspective d'un décret peut tout convertir. Il suffit d'une intrigue ou d'un hasard pour créer l'auteur du décret : les gouvernements chez nous naissent sans s'en douter et tombent sans s'y attendre.

Voilà ce qui peut arriver et ce qu'il faut avoir la conscience de dire. Les applaudissements qui font cortége à chaque pas de Napoléon ne nous aveuglent pas. Tous les régimes ont excité l'enthousiasme. Nous comptons bien plus, pour l'avenir de l'Empire, sur la sensation profonde provoquée au cœur des intérêts matériels par la savante administration de l'Empereur que sur des protestations personnelles. Ces dernières s'adressent au pouvoir quel qu'il soit : il faut conquérir la première par des actes de génie.

Nos prévisions peuvent se réaliser par deux causes : D'abord, les institutions politiques sont aujourd'hui remplacées par des personnes. Et, en fait de personnes, il n'en est qu'une. Cette existence disparue, plus rien ne reste.

En second lieu, dans les Maréchaux, les Ministres, les Préfets; dans la circonscription des six grands commandements militaires, que trouvons-nous ? Des titres, des fonctions, des pouvoirs délégués et l'on n'y rencontre pas des individualités nationales, des drapeaux publics, des points de ralliement sympathiques à la faveur populaire : en un mot, partout des fonctions passives, nulle part d'actives personnalités. Surtout, nulle part un principe national en action propre et indépendante.

Que fût devenue la révolution de février sans le nom européen de Lamartine ? Que fût devenue la société du 2 décembre sans le nom universel des Napoléon ?

C'est que, pour l'esprit de notre temps, les réputations, c'est-à-dire les valeurs individuelles sont tout et les fonctions ne sont rien. Une préfecture tire son importance du Préfet et un Préfet incapable ne puisera pas la sienne dans sa préfecture. Bien mieux, tel est notre caractère aujourd'hui qu'un fonctionnaire doit nécessairement être distingué pour se faire pardonner ses fonctions. Les signes du pouvoir délégué sont à divers titres antipathiques aux masses. Elles acclament le Souverain et jalousent ses agents. Il n'en est plus comme au temps passé où les fonctions faisaient l'homme et son crédit sur l'opinion.

Voilà ce qu'il faut bien comprendre et cependant , à l'heure qu'il est , hors l'Empereur Napoléon , le peuple ne connaît plus personne en France !

L'on dira : le Ministre de l'instruction publique ; le Préfet de tel département , toutes abstractions voilées par le titre et l'on ne dit plus : M. Guizot, M. Thiers, M. Berryer. Est-ce un bien ? Est-ce un mal ?

Ce serait un bien, au point de vue gouvernemental, si l'Empereur devait toujours vivre. Le Pouvoir y gagne une immense concentration de forces. Mais, après l'Empereur, à quoi se rallier et par quels mobiles?

Aux institutions nationales ? Il n'en est pas. La tête et la main de Napoléon les résument. Au gouvernement, c'est-à-dire à l'administration, et mieux à des fonctionnaires ? Nous les savons, de parti pris, antipathiques aux masses. Puis, le gouvernement, mobile de sa nature, ne porte aucun caractère immuable, ne représente pas un principe et n'a sa raison d'être que par l'existence du Souverain. Peut-on se rallier à des célébrités populaires? Où sont-elles? Il n'est de célèbre chez le peuple que Napoléon !

Non, après Napoléon III , ce qui resté de Pouvoir actif , c'est-à-dire le Gouvernement, n'offre pas une garantie suffisante au Pays pour le passage d'un règne à l'autre; pour le maintien de la dynastie et la consolidation des œuvres sociales de l'Empereur.

Par le Gouvernement, nous n'avons devant nous que des fonctions. L'on n'y croit pas. Les fonctions ne sont point personnelles et tout fonctionnaire peut être révoqué. Un Pouvoir nouveau tient au bout de sa plume et nouveaux Maréchaux, et nouveaux Ministres, et nouveaux Préfets. Que trouvez-vous là de permanent et de solide ? Quel moyen d'action sur un public qui ne dédaigne les fonctionnaires qu'autant qu'il ne jouit pas des fonctions publiques ! Il n'y a rien là de viril et qui vive de soi. C'est de la poussière dans l'attente du vent.

Mais, ce qui est réel et ce que rien n'efface ; ce qu'il faut consulter et d'où émanent choix utiles, pouvoir actif, vie permanente, c'est la Nation. Elle est abritée d'un trait de plume ou d'une révocation durable. La nation est un principe. Elle est un fait indestructible. Puis, d'ailleurs, elle sait être plus reconnaissante que les créatures politiques et n'oublie pas plus que l'histoire les services rendus et les devoirs qu'ils imposent.

Nous disons donc à l'Empereur : Sire, relevez la Tribune nationale et faites du peuple français votre exécuteur testamentaire ! A-t-il failli à la mémoire du premier Napoléon ?

Que Votre Majesté se le rappelle : le jour où ces grandeurs opulentes, sorties des mains de Napoléon Ier, détournaient la tête de leur bienfaiteur, foulant aux pieds, non-seulement leur propre gloire, non-seulement la gloire de la plus majestueuse figure humaine, mais encore celle de la France, que fit le peuple ? Il donna son sang. Et, lorsqu'on ne voulut plus de ce noble sang, il versa des larmes. Il pleurait hardiment en face des puissances nouvelles, alors que l'ingratitude somptueusement titrée se faisait un devoir de l'oubli !

En 1848, pendant que les hautes classes marchandaient la candidature du descendant de Napoléon, que fit le Peuple ? Il le nomma !

La reconnaissance aux Princes et aux gouvernements ne leur vient presque jamais que de ceux-là seuls qui ne leur doivent directement rien, rien qu'un consciencieux tribut de justice.

Le peuple, en fait de généreux désintéressement et surtout de nationalité, est bien autrement moral que les classes supérieures.

C'est qu'ici gouvernement et bienfaits s'adressent à des hommes. Ailleurs ils ne rencontrent que des intérêts.

Dès lors, un Prince qui a fait pour la France ce qu'a si glorieusement et si savamment réalisé Napoléon III, loin de confier son descendant et l'édifice social de son génie aux Pouvoirs publics, ne devrait songer qu'à les remettre aux mains courageuses et fidèles du public lui-même.

IV.

L'Empereur devrait surtout, de son vivant, reconstituer la puissance publique directe, qui n'existe pas ; relever la Tribune qui en est l'expression, et il accomplirait dans l'ordre ce qu'un jour peut inaugurer le hasard dans l'anarchie.

Depuis près d'un siècle l'exil est le lycée des Têtes couronnées, et Napoléon III se pénétrera aisément de la probabilité suivante :

Le rétablissement de la Tribune nationale et la liberté de la presse seront plus tard, aux mains des partis, une arme terrible contre sa descendance et le plus énergique des leviers pour mettre en lumière des prétendants.

Mieux vaut dire de telles choses, quelque pénibles à proférer et à entendre qu'elles soient, que de les voir se réaliser.

Sire, pourquoi laisser dans le berceau de votre enfant une vipère qui peut le blesser à mort? Pourquoi ne pas briser la seule arme que les ambitieux puissent tourner contre vous et diriger contre la quiétude progressive de la France?

Nous sommes dans le vrai en disant qu'après l'Empereur tous les partis promettront la Tribune et la liberté de la presse. De telles promesses peuvent entraîner le Pays dans de graves écarts. Les peuples, comme les individus, désirent parfois ce qu'ils redoutent. Ces promesses réalisées et que ne peuvent livrer les partis en rivalité de concessions, la liberté de la presse paralyserait le bienfait du rétablissement de la Tribune et le Pays roulerait de nouveau dans les sphères révolutionnaires.

Il en serait ainsi parce que, si le propre de la Tribune est de conserver, il est dans la nature de la presse de détruire.

Or, après l'Empereur, l'obtention de la Tribune entraînerait celle de la presse, tandis que, par l'Empereur, la presse quotidienne peut être classée et la Tribune restaurée.

Nous prouverons que la Tribune sauvegarde et le

Pays et la Dynastie Napoléonienne, alors que la liberté de la presse menacerait sérieusement ces deux grands intérêts nationaux. Nous démontrerons, pour reprendre le mot volontaire dont nous venons de nous servir, que la presse comporte un classement, comme toutes choses ayant un caractère public dans l'Etat, et qu'il n'est d'absolument libre au sein des sociétés que la conscience et les pensées intimes.

Il paraît que Napoléon III se constitue en premier Ministre des Affaires Étrangères de l'Empereur. Notre attitude en face du monde prouve qu'il y a du Napoléon dans cette calme et fière façon de poser la France. Mais la politique intérieure embrasse de graves exigences et mérite de fixer la pensée du Souverain. La politique extérieure se fait avec la puissance du dedans, et il n'y a jamais puissance réelle avec des chances prévues d'instabilité.

<h2 style="text-align:center">V.</h2>

Pourquoi disons-nous : l'Empire et la Tribune? Pourquoi ne disons-nous pas : l'Empereur et la Tribune ?

C'est que pour nous les meilleures théories ne valent pas une bonne pratique, lorsque la pratique produit de grands résultats et que les théories manquent de praticiens.

Mettez en parallèle la république, ainsi que les monarchies déchues, avec l'absolutisme impérial ; pesez les œuvres de chacun de ces régimes et dites-nous en toute bonne foi, sans esprit de parti , s'il est possible , lequel de ces gouvernements a le plus fait dans l'intérêt de la grandeur de son Pays ?

Cependant , eu égard au temps , aux mœurs , à la civilisation , aux principes, le gouvernement représentatif est théoriquement supérieur à l'absolutisme ; mais, pratiquement par Napoléon III et à l'état d'exception, l'absolutisme a produit des résultats bien autrement féconds que les Pouvoirs représentatifs.

Lorsqu'un Prince, comme Napoléon III, vise à la suppression progressive des frontières industrielles et commerciales , avec un large commencement d'exécution ; institue la caisse de retraite pour la vieillesse dans toutes les positions sociales ; propage avec sollicitude les sociétés de secours mutuels contre la maladie, ce chômage forcé du travail, capital des masses, et cette improduction de la plus lucrative de nos richesses publiques ; abaisse le taux d'intérêt de la dette nationale et tend sans doute à le réduire encore ; décentralise l'administration pour lui imprimer une activité plus grande ; commence et finit à point une guerre d'Italie, que le Pays n'eût pas voulu entreprendre et qu'il n'eût pas su finir une fois entreprise , guerre dont les conséquences seront cependant le remaniement de la carte européenne ; lorsqu'un Prince a su et pu préparer Paris à devenir la capitale de l'Europe , comme Saint-Pétersbourg , transférée à Constantinople, deviendra la capitale de l'Asie ; quand ce Prince nous a donné les Alpes pour frontières et nous donnera certainement un jour les barrières du Rhin ; nous disons que le gouvernement absolu, par un grand homme, est la première expression des gouvernements appelés aux grandes choses. Avec Napoléon III, s'il jouissait de la permanence d'un principe, nous ne solliciterions certes pas la restauration de la Tribune et la France y gagnerait un splendide avenir.

Non, nous ne la demanderions pas ; car, avec la Tribune les grands actes de prévoyance et de génie, que nous énumérons, fermenteraient encore dans quelques têtes d'élite ou, tout au plus, toucheraient à l'état d'étude officielle, dans l'attente d'interminables discussions, précédés de confuses enquêtes et couronnés par des débats parlementaires négatifs. En dernier lieu, chacun de ces actes capitaux eût été le fruit solitaire de quelque stérile révolution.

Mais, comme l'absolutisme n'est admissible que par exception et que l'Empereur, en passant au domaine de l'histoire, finira pour la France ; qu'il y aurait imprudence à attendre les jours orageux pour restaurer une Tribune sans péril sous sa main, dangereuse après lui ; que dans le premier feu de passions longtemps comprimées, elle ferait plutôt de l'émancipation que de la conservation, au détriment du repos public, nous demandons dès aujourd'hui le rétablissement d'institutions sans lesquelles le Pays n'entretient d'autre principe vital, pour l'avenir, qu'une simple existence.

Il faut le répéter, car nous ne nous abusons pas et nous ne voudrions abuser personne : la tribune rétablie, notre marche gouvernementale sera et plus vulgaire et moins rapide ; nous perdrons l'élan de l'unité d'impulsion et la concentration d'efforts administratifs de l'unité de domination; mais nous gagnerons un axe autour duquel la France accomplira ses évolutions avec des chances de durée; nous aurons réuni une plus forte somme de probabilités pour la permanence, et c'est quelque chose aux époques de progrès matériel; nous serons à l'abri de trop graves écarts personnels contre la prospérité publique, tous ne tombant jamais dans ces fautes téméraires ou marquées au coin de l'impéritie, qui peuvent échapper à un souverain médiocre ou sans expérience politique.

Du reste, pour tout dire, et pourquoi cacher quelque chose lorsqu'on discute de bonne foi, il nous serait facile de démontrer que l'absolutisme, dans les conditions de son possible exercice en France, n'est pas fort dangereux, si ce n'était le vice radical d'instabilité. Quel que soit le gouvernement, il lui faut des agents, ministres, préfets, généraux, magistrats. Or, la conscience et le caractère des hommes distingués de notre pays ne se prêteraient jamais aux actes formellement réprouvés par les intérêts matériels et moraux. En face de leur dignité s'élèvent la conscience de la valeur individuelle et l'opinion publique qu'ils respectent. La recrudescence religieuse que chacun peut remarquer nous touche peu et nous n'y croyons pas : elle n'est qu'une flatterie au pouvoir, qu'un moyen de parti, qu'un hommage superficiel aux principes, qu'une affaire de ton, qu'une imitation, pour beaucoup, de ce que l'on voit faire à tout le monde. Selon les positions, il n'est guère d'autre mobile. Ce qui le prouve, c'est qu'autrefois des centaines de mille âmes partaient de France pour la Terre Sainte, tandis qu'aujourd'hui quatre cents Français à peine ont fait au Saint-Siége le sacrifice de leur sang. Mais, si une foule de gens se préoccupent avec un médiocre souci des comptes que tôt ou tard il faudra rendre à Dieu, hors de la sphère des hypocrisies humaines, ils comptent cependant, par suite de l'éducation nationale, par un fier sentiment de soi, par crainte de représailles, ils comptent avec la possibilité du mépris social.

Avec les institutions actuelles, le hasard pourrait donc nous affliger d'un despote, mais nous sommes à l'abri d'un mauvais gouvernement despotique.

VI.

En dehors du Pouvoir exécutif et en fait d'institutions politiques, que possédons-nous?

Un Corps législatif sans initiative ni publicité, c'est-à-dire une représentation illusoire, et le pays ne l'ignore pas.

Nous avons un Sénat émané du Souverain et ne représentant que lui aux yeux de l'opinion.

L'Empereur tient donc en main tous les pouvoirs. Il ne serait pas inexact d'avancer qu'il fait la loi et l'exécute. La loi subit la sanction de ce qu'on nomme Corps législatif; mais, si ce dernier approuve, il ne crée pas. Il ne jouit dès lors que d'une passive action. Il peut repousser le mal et ne saurait faire le bien. Par contre, vous avez privé la nation de toute activité.

La position de l'Empereur est-elle normale? Celle de la France l'est-elle plus?

De ce que Napoléon est un politique habile, un administrateur profond; parce que l'Empereur est pour la France une haute fortune, s'ensuit-il que l'Empire repose sur des principes politiques vrais?

Il ne faut pas confondre l'Empire et l'Empereur. Nous devons distinguer entre le présent et l'avenir. Pour le présent, les institutions seraient bonnes si Napoléon devait vivre aussi longtemps parmi les peuples que dans leurs cœurs. Pour l'avenir, disons-le avec la franchise d'un dévouement sincère, elles sont un danger. Elles menacent, non-seulement la Dynastie Napoléonienne, mais encore le Pays, mais la masse entière de nos intérêts publics et privés.

Si la France, par une confiance aussi noble que dignement justifiée s'abdique et s'en remet au Chef de l'État du soin de sa grandeur, le Souverain, par l'absolutisme, peut d'immenses résultats. On ne saurait calculer les forces impulsives dont il dispose. Doué de génie et de cœur, il peut en bien tout ce que peut l'homme.

Mais, qu'intervienne un Chef d'État médiocre ou un enfant, dépourvus dès lors de la confiance du pays, leur règne est impossible, l'absolutisme désormais ne se trouvant pas dans les conditions voulues par les mœurs, surtout par la prodigieuse masse d'intérêts matériels, pour se maintenir à l'état d'autorité purement nominale.

Et, cependant, c'est le Gouvernement Impérial qui a créé cette situation exceptionnelle pour ses successeurs en se jetant lui-même dans l'exception. En fait de gouvernement et de dynastie, l'exception est le transitoire.

Plaçant tous les Pouvoirs dans les mains du Chef de l'État, Napoléon III oblige celui-ci à naître supériorité incontestée. S'il naît médiocrité, vous proclamez son insuffisance, par contre son abdication volontaire ou forcée.

L'Empereur a fondé un régime pour sa taille sans prendre la mesure du commun des hommes. Ce vice est radical. Les Dynasties comportent une moyenne à laquelle les fondateurs dynastiques doivent adapter les institutions.

Tel est le côté faible des gouvernements où l'homme remplace les principes. Leur prospérité devient accidentelle comme le génie. Ils peuvent encore régir la Russie ou la Turquie. En face de l'esprit français et de nos immenses richesses nationales, ces sortes de gouvernements sont un contre-sens historique.

Le gouvernement représentatif permet les longues successions de règnes et, par suite, la stabilité. Il lui importe peu qu'à la tête de l'État figure une médiocrité ou un génie, un enfant ou une femme.

Le premier est le régime des grandes époques, des temps orageux ou des jours de décadence. Le second est le gouvernement des Dynasties par la prospérité lente mais progressive.

L'on peut nous dire : Ce gouvernement n'a pas tenu. C'est incontestable, et nous répondons : Quelles sont les formes gouvernementales que nous n'ayons point usées ? Le gouvernement républicain, le gouvernement de la gloire, le gouvernement prétendu légitime, le gouvernement constitutionnel, tout est passé.

Il y a cependant cette différence entre tous les gouvernements déchus, que les uns sont tombés sous le coup des mœurs ou des intérêts du siècle, tandis que le Pouvoir représentatif ne doit sa chute qu'à la crainte exagérée d'une absolue représentation, c'est-à-dire qu'à la peur de son principe lui-même.

Partant d'une donnée, il en redouta les conséquences naturelles. Mieux valait les accepter ; mieux valait encore aller au-devant d'elles. Un principe posé politiquement accomplit toujours les évolutions physiques de sa logique la plus rigoureuse. Il en est ainsi de tous les principes vitaux et, soit peuples, soit individus, soit gouvernements, chacun de ces éléments d'action pousse fatalement jusqu'au bout tout ce qui favorise son entier développement dans les bases et dans les accessoires de son existence.

La conséquence rationnelle du gouvernement représentatif est le suffrage universel, qui généralise la représentation. Le gouvernement absolu, après Napoléon III et sous des Princes comme ils sont possibles, aurait pour conséquence forcée des abus de pouvoir.

Un trône est tombé en luttant contre le suffrage universel et ce même suffrage a relevé un trône. Le remède est donc parfois pris pour le mal. Les abus de pouvoir renversent bien les dynasties, mais ne les restaurent pas.

Dès lors, si nous demandons la cessation de l'absolutisme, absolutisme, répétons-le, aussi libéral, plus libéral même qu'une république par Napoléon III, c'est que nous sommes convaincu de ce fait : il passera par toutes les phases qu'il comporte humainement, politiquement et socialement, selon les Princes, et deviendra tôt ou tard despotisme pour finir sous les pieds d'une révolution.

<h2 style="text-align:center">VII.</h2>

Pour entrer plus avant au cœur de la question, supposons un jeune Prince et une Régence disposant de la même autorité que Napoléon III. Sur quoi s'appuieraient-ils?

Sur les lois de l'hérédité? Sur un testament? Sur l'armée? Sur le gouvernement? Sur la reconnaissance du Pays? Même sur une sanction de leur pouvoir par le suffrage universel?

Partons de ce principe vrai que si les cœurs sont reconnaissants ou peuvent l'être, les intérêts matériels ignorent la reconnaissance et ne savent de la vie que les sciences exactes.

Or, les peuples, comme l'homme, consultent plutôt leurs intérêts que leur cœur. Ce qui est pire, lorsqu'ils s'émancipent de la dépendance des intérêts matériels, on les voit obéir à des passions trop souvent contraires et à leur cœur et à leurs intérêts véritables.

Il faut donc peu compter sur la reconnaissance, sur le respect des lois ou de la volonté du Souverain, si cette reconnaissance et ce respect entrent en lutte avec les intérêts ou les instincts nationaux. A tort ou à raison les intérêts publics comptent plus sur leur administration propre, par une représentation, que sur l'absolutisme entre les mains, soit de la médiocrité, soit de l'enfance et, par contre, de l'insuffisance.

Ils comptent bien davantage sur eux, par une représentation aux séances publiques et publiées, que sur l'absolutisme dirigé par des Conseils aux séances secrètes et aux cabales commentées de bouche en bouche par la passion des partis.

Quant au Gouvernement, il ne garantit rien. Sa puissance est en raison du pouvoir, soit du Prince, soit d'une représentation qui l'accréditent, et en l'absence d'une représentation nationale ou par un Prince absolu sans crédit personnel, il n'est pas de gouvernement.

L'armée, en France, est-elle bien une armée dans l'acception des interprétations anciennes ? N'est - elle qu'une puissance passive ? Nous trouvons, nous, en elle, l'une des premières et des plus intelligentes expressions du Pays. Terrible à l'étranger, formidable en face des insurrections de partis, agirait-elle contre un malaise réellement public, par esprit de corps et dans l'oubli de son origine ? Le passé démontre le contraire.

Ce qui pour nous fait l'immense supériorité de Napoléon III sur ses prédécesseurs sans exception, sans en excepter même Napoléon Ier, c'est son étonnante aptitude à pénétrer la masse entière des intérêts de son temps, intérêts français, intérêts européens, — ils sont incalculables, — et à prêter à chacun d'eux l'énergique appui d'une initiative aussi savante qu'audacieuse.

Mais, plus l'Empereur développe ce splendide monument des intérêts nationaux, plus ces intérêts exigeront de garanties et plus il leur en sera redevable pour assurer leur permanence prospère.

Le gouvernement d'un enfant, aussi bien entouré

qu'il soit , avec le fardeau de l'absolutisme , et il y a absolutisme toutes les fois qu'un Pouvoir national ne contrebalance pas celui du Souverain, ce gouvernement suffit-il aux prévisions intimes de Napoléon III ?

Un faible enfant n'ayant pour conseil qu'une faible femme ; n'ayant pour soutien que l'amour d'une Mère chérie du peuple , c'est plus qu'il n'en faut pour concilier au gouvernement les nobles sympathies de notre chevaleresque nation , qui aime à protéger et se dévoue pour défendre. Mais si la France est généreuse , elle n'accepte pas le doute qui la frappe ; si elle a du cœur, elle porte avec elle des intérêts gigantesques dont les soins finiraient par la préoccuper après les premiers élans d'enthousiasme. Proclamez donc une Représentation nationale , et plus l'enfant sera débile , plus la Mère sera délaissée de son auguste protection première , plus se concentreront de forces matérielles et morales autour de ce trône des instincts français.

Qu'on ne craigne pas alors de voir la faiblesse exploitée par la nation , tandis qu'elle pourrait bien l'être par les grands dont la prévoyance , selon nous fautive de l'Empereur, l'entoure dès aujourd'hui.

Comme il est dans la dignité de la France et dans les intérêts du Pays de conserver une Race Dynastique par laquelle notre Nation pénètre dans une sphère historique nouvelle , l'Empereur a pour devoir d'enlever à sa Dynastie la possibilité de fautes révolutionnaires. Le premier et le plus puissant des moyens qui s'offrent, consiste à armer le bras de la France de ce qu'un homme de génie ou un peuple manient seuls avec sécurité pour le bien du plus grand nombre.

Après toutes nos inconséquences populaires, ou plutôt, après toutes les inconséquences subversives des gouvernements passés, n'arriverons-nous pas enfin à la sagesse et à la possession permanente d'un pouvoir national sans exagération de formes ?

Il faut l'espérer. Il est même sensé d'y croire. Les peuples arrivent à la fatigue comme les individus. Vient un âge où l'on ne vit plus que pour mourir. Vous êtes pris alors de lassitude sur toutes choses, sur les passions, sur les souvenirs comme sur l'espérance : vivre toujours vous serait un fardeau. A quoi bon la vie, à quoi bon la mort ? Dans quel but ?

Il faut alors briser les barrières d'un étouffant individualisme et sortir de soi. Heureux celui qui trouve aussitôt dans l'infini des œuvres divines la révélation d'un Dieu magique en lui-même et plus magique encore dans le parti qu'il sait tirer du possible. Mais les peuples n'en sont pas là encore. Ils arrivent à la fin du règne de l'imagination et de l'esprit et passent au régime des faits matériels.

Pourquoi donc l'Empereur, dans l'intérêt de l'Empire, dans celui de sa Dynastie et du Pays, ne relâcherait-il pas des ressorts tendus à rompre ? Pourquoi ne nous acheminerait-il pas vers la fin d'une situation exceptionnelle, nécessairement transitoire et vers le commencement d'un état de choses offrant de mathématiques garanties, non plus seulement aux personnes, ce qui est toujours facile, mais à leurs intérêts, qui sont mathématiques avec de mathématiques exigences ?

Il y a plus de chance d'équilibre au centre du balancier qu'à ses points extrêmes.

L'absolutisme doit être personnel dans un Pays avancé. Il ne se délègue pas sans tiraillements. Et lors= que nous disons : un enfant aussi bien entouré qu'il fût échouerait dans l'impuissance, nous constatons qu'enfant il ne pourrait rien par lui-même et qu'il réussirait moins encore par des délégations disputées, entraînant cabales, intrigues, instabilités et produisant dans l'État des alarmes peu propres à concilier au gouvernement l'appui de la Nation.

Nous le demandons avec respect à l'Empereur : Vaudrait-il mieux se dissimuler les périls à venir et les subir ?

VIII.

Les gouvernements absolus agissent dans l'ombre. Le propre des gouvernements représentatifs est d'administrer à la lumière. Si nous avons avancé que l'absolutisme pouvait encore régir la Russie ou la Turquie et qu'il est impossible en France avec durée, comme en Angleterre, c'est que la Turquie et la Russie naissent à peine aux grands intérêts sociaux d'une civilisation aussi éclatante que rationnelle, tandis que l'Angleterre et la France possèdent sur le tapis du monde des enjeux gigantesques, plus absolus que quelque absolutisme que ce soit.

Or, la mise en mouvement des intérêts matériels sur une vaste échelle ne supporte pas les obscurités de la nuit. Il lui faut le grand jour du soleil et du contrôle.

Une pénétration comme celle de l'Empereur le sait :

dans les États où les intérêts publics naissent à peine, où les citoyens n'ont guère d'autre souci que de vivre et d'amasser assez pour subsister au jour le jour, si les gouvernements absolus sont naturels et même nécessaires, cela tient à ce que l'absolutisme s'adresse particulièrement à l'homme et n'a guère que l'homme en vue.

Mais, que la masse d'intérêts inhérente à la constitution d'un grand peuple se produise et s'établisse dans l'ordre d'idées qu'elle entraîne par son ascendant sur les esprits, les gouvernements n'administrent plus des hommes, c'est-à-dire une unité turbulente, mais flexible par intimidation, ils régissent la diffusion et une diffusion matérielle, sans cœur, sans oreilles, sans entrailles, sans souplesse, portant des exigences fatales et marchant droit au but, l'œil fermé sur les moyens, une volonté de fer opposée à tous obstacles.

Les gouvernements se trouvent alors placés en face d'éléments presque exclusivement physiques. La matière est l'aliment de nos passions et leur moyen d'être. Cependant, la matière mise en jeu par le commerce et l'industrie perd son caractère primitif, transforme l'homme, qui ne s'en fait plus un moyen de jouissance directe et, par elle, il vise à la puissance sur l'opinion, quand il n'en vient pas à n'ambitionner que la possession la plus tristement passive.

Les penseurs vulgaires se méprennent donc lorsqu'ils mettent sans cesse en avant, de nos jours, d'exclusives individualités. S'il en était ainsi, la tâche des gouvernements serait simple et nous croirions à la possibilité de l'absolutisme, même par un enfant, ce gouvernement de l'homme vivant de l'homme et pour l'homme.

Mais, il n'est d'exclusif aujourd'hui que les intérêts matériels. Ils sont eux-mêmes la personnalité individuelle et publique : l'homme n'est que leur agent. Il est par eux un aliment jeté à toutes les passions sans caractère privé ni vie propre. Ils font de nous des joueurs absorbés, entraînés par l'enjeu au cours de tous les événements que le hasard lie et délie, pousse et refoule sans cesse.

Qu'on nous parle donc médiocrement de convictions morales ou religieuses et des partis ou des sectes qui en dérivent. La question de Rome a fait un bruit immense. Un clergé parfaitement organisé, de toutes parts répandu, ayant à son service la presse croyante et même, il faut le dire, la presse incrédule, le corps clérical devait jeter dès lors le monde sur Rome.... Quatre cents Français ont quitté leurs salons ou leurs châteaux.

Ce n'est plus le temps où quelques moines, ceints d'une corde, versaient par millions les âmes en Orient !

S'il faut juger de la puissance du parti légitimiste par cette manifestation religieuse, ce parti, tout digne qu'il est, se réduit à de bien faibles proportions.

Mais, reprenons : Le Pouvoir ne se trouvant plus en face de l'homme et n'ayant devant lui qu'un colosse d'intérêts, doit se dire : je pourrais dompter l'homme par l'absolutisme, je ne puis gouverner les intérêts qu'en assurant leur prospérité. A cette prospérité que faut-il ? La confiance. La confiance politique, d'où vient-elle? D'une certitude de stabilité.

La stabilité est-elle possible avec une forme gouvernementale qui, n'ayant plus seulement affaire à l'homme, peu soucieux de lui-même, mais intraitable par ses intérêts, voit la masse de ces intérêts sordides aux mains du gouvernement sans droit de les suivre pour les contrôler?

Oui, l'homme est ainsi fait : il peut consentir à se laisser personnellement subjuguer. Pauvre et nu, il est souple, si ce n'est rampant; il gronde à distance et lèche les pieds de ce dont il espère; mais, devenu propriétaire, ce n'est plus la même créature et il ne permet pas qu'on s'approprie ses intérêts au point d'être exclu de leur tutelle. L'homme a pu vendre ses enfants pour arriver à la propriété; mais il ne se dessaisit pas de la dignité de propriétaire pour n'être plus qu'un homme. Telle est, sans foi, la machine humaine.

D'où il résulte que le gouvernement représentatif est le gouvernement des choses et l'absolutisme celui des personnes; que l'un peut convenir aux sociétés sans intérêts considérables et aux époques d'obscurité; tandis que l'autre domine seul les sociétés avancées sous le double rapport de la richesse matérielle et morale des nations.

Nous le disons dès lors dans notre dévouement sincère et volontaire à Napoléon III, la forme actuelle de gouvernement, bonne par l'Empereur et avec l'Empereur, n'est suffisante que par exception et ne se maintiendrait qu'exceptionnellement. Ni la France, ni Napoléon ne veulent fonder du provisoire après les fluctuations compromettantes par lesquelles vient de passer le Pays depuis soixante-dix ans.

IX.

Il y a donc quelque chose à faire pour donner de la permanence au transitoire.

Mais que faire? Nous avons éprouvé, puis usé toutes les formes de gouvernements.

Nous avons dit notre pensée sur l'absolutisme. Il expose les Princes à l'ivresse du Pouvoir, ivresse aussi dangereuse que pour les peuples est l'ivresse de la liberté.

Nous disons la république impossible, parce qu'elle est moins le gouvernement des intérêts matériels, dans un temps et dans un pays qui n'en admettent plus d'autres, que l'égoïste visée des hommes au gouvernement de l'homme. C'est là ce qui la distingue, ce qui en dégoûte les gens de bonne foi et ce qui la perd.

Quant au gouvernement légitimiste, il est un non-sens depuis qu'il a été admis par les mœurs et que les intérêts physiques ont imposé la doctrine politique qu'une nation n'appartient à personne, et choisit aussi librement son administration qu'un simple citoyen son mandataire. Puis, le gouvernement légitimiste, ce sont les distinctions nominales par les hasards de la naissance, et tout Pouvoir qui les favorise est destiné à périr victime de la fierté publique et des nivellements du travail social. L'aristocratie sans droits seigneuriaux est ridicule et il y aurait bouffonnerie par trop risible de songer à les rétablir.

Il ne reste plus que le gouvernement représentatif. Si les Bourbons aînés ou les Bourbons cadets tendaient à rentrer en France, ils en feraient la solennelle promesse comme le premier et le plus puissant moyen de crédit. Ils seraient dans le vrai des principes, dans le vrai des intérêts publics et dans la vérité des instincts nationaux.

Napoléon III serait plus rationnel encore et bien autrement habile en fondant une représentation exacte et sincère, parce qu'il se dépouillerait d'une puissance personnelle qui ne se transmet pas ; qu'il mettrait le Pouvoir au niveau des facultés présumées de ses successeurs ; qu'en diminuant son autorité au profit de celle du Pays, il accroîtrait la puissance gouvernementale de toute l'autorité active d'une nation ; qu'il remplacerait les personnes par des principes et substituerait des institutions durables aux agents d'action passagers ; qu'il userait de son crédit pour le limiter, comme il sait faire de la démocratie avec l'absolutisme, comme il sait respecter la liberté individuelle, que lui livrent les lois du Pays. Il accomplirait lui-même, dans l'imposante paix intérieure de son règne, ce que le hasard peut faire un jour, dans le vide absolu, dans le vide désastreux qui suivra sa fin, alors que les masses honnêtes tomberont dans la stupeur et que les seules passions mauvaises, si longtemps comprimées, éclateront pour tout mettre en lambeaux et se créer des parcelles d'héritage.

Le Pays garderait souvenir d'un tel exemple d'abnégation et de prudence. Il en reporterait le mérite à sa Race. S'il existe des gloires bruyantes qui fondent les

Dynasties, il est des gloires sereines, religieuses, toutes de science et de dévouement, d'amour public et de génie national, qui les implantent dans les mœurs, dans les intérêts et au cœur des plus intimes instincts nationaux.

Que les Bourbons rentrent en France sur la promesse du gouvernement représentatif, c'est vulgaire. On leur donne; ils rendent : c'est un marché. Mais, que Napoléon III se dépouille de ce qu'il pourrait garder et, cela, afin de garantir la sécurité future du Pays, ce n'est ni vulgaire, ni dans les habitudes de l'histoire, qui révèle de grandes défaillances produites par le dégoût, mais peu d'actes d'une aussi virile sagesse, au sein d'un pouvoir absolu encouragé par tous les délires d'une enthousiaste confiance.

Délire de confiance tellement emporté, qu'il n'est pas certain que le gouvernement représentatif mis aux voix par l'Empereur lui-même obtînt l'assentiment du suffrage universel.

Mais le suffrage universel a la vue moins longue que Napoléon III.

Quelle forme représentative pourrait donc nous octroyer l'Empereur?

X.

Nous n'avons jamais pu comprendre les trois Pouvoirs du régime constitutionnel, à moins que toutes choses ne se composent de trois éléments indissolubles, comme l'affirment les rêveurs. Que représente la chambre des Pairs ? Quel crédit peut avoir ce corps , soit auprès de la Nation , soit auprès du gouvernement ?

Il naît du gouvernement, qui tient en main sa paralysie, s'il vise à l'indépendance. Recruté sans l'intervention du Pays, quel intérêt peut avoir le Pays à son action ?

A quoi donc s'appuie-t-il ? Il ne s'appuie ni au gouvernement, qui n'a nul besoin de lui, ni au Pays qui l'envisage en adversaire.

En réalité, d'ailleurs, il n'existe pas trois Pouvoirs. Nous n'en connaissons que deux : celui qui émane de la Souveraineté héréditaire , celui que produit la Souveraineté Nationale.

Le troisième, né du gouvernement, se confond avec son principe originel, absorbé, effacé , non distinct. Pourquoi donc ces trois Pouvoirs alors que, de fait, on n'en compte que deux ?

Le danger de cette forme politique est de créer de l'artificiel où il n'en faudrait jamais ; c'est de laisser croire à trois puissances là où , en toute vérité , il n'en apparaît que deux ; c'est par suite d'exposer à un grand péril celle qui cherche un appui sur un vide pompeusement titré.

Or, le gouvernement est plutôt enclin à prendre assistance du corps qu'il produit, qui sent comme lui, pense comme lui, que du corps indépendant de son action , né du Pays et routinièrement considéré en antagoniste par le principe d'autorité.

Cette puissance chimérique qu'on nomme Chambre des Pairs, avec les encouragements à la résistance qui en proviennent, égare presque toujours le Pouvoir loin de la voie tracée par la volonté nationale, dont il serait si prudent d'écouter les sincères manifestations , devrait-on même se tromper par elle et donner par là de sévères leçons au Pays.

Ce corps n'offre à la Nation ni avantages ni inconvénients. Il n'est un péril que pour l'Autorité. La société peut momentanément souffrir de l'appui moral qu'il fournit contre elle ; mais elle ne succombe pas dans les commotions qui en résultent, tandis que l'Autorité y périt.

Si la Chambre des Pairs représentait une puissance, nous demanderions son maintien, toute puissance réelle devant être représentée. Mais de deux choses l'une ; ou ce corps représente un Pouvoir quelconque, ou il ne représente rien.

Il n'est pas la représentation du peuple, puisque celui-ci ne concourt point à son institution.

Il ne saurait être la représentation du principe d'Autorité, dont l'action politique est personnelle et ne se délègue pas; qui part de lui, s'étend, rayonne, incapable de se détacher de son origine et coulant vers son but, par des intermédiaires, comme la source du fleuve vers le réservoir central.

Le Prince , représentant de la Souveraineté héréditaire, absorbe tout ce qui est gouvernement, tout ce qui ne ressort pas de la Souveraineté Nationale, le fait sien ou plutôt soi et, en dehors de ces deux Souverainetés, plus rien ne reste.

Donc, ou la Chambre des Pairs, indifférente à la Nation, danger pour le Pouvoir, ne représente rien, ou tente de représenter les hautes classes.

Si elle représente les hautes classes, elle est considérée en implacable ennemie par les classes d'en bas et son existence constitue l'inimitié entre la misère et la richesse, entre le prolétariat et l'aristocratie, cette dernière élevée à l'état d'institution politique et séparant ainsi le Prince de son principal, de son unique foyer de puissance.

Vous allumez ce qu'il faudrait éteindre ; vous donnez des formes légales aux susceptibilités les plus délicates et les plus fières, aux haines les plus violentes et les plus difficiles à calmer : celles d'où naissent presque toutes les révolutions, nous ne dirons pas nationales, elles sont rares, mais gouvernementales.

Ce corps n'est donc qu'une puissance fictive. C'est un Pouvoir nominal. Un décret l'accrédite auprès de l'Autorité et le discrédite auprès du peuple. Telle est l'origine, telle est la fin.

XI.

L'histoire des cinquante dernières années prouve qu'on n'anéantit pas la Souveraineté nationale parce qu'on l'écarte de la marche des affaires. Si cette souveraineté pouvait s'exercer régulièrement à son propre bénéfice, elle ne s'exercerait pas périodiquement contre le Pouvoir; mais, alors qu'on la croit le plus plongée dans l'oubli d'elle-même, elle se réveille et d'inconnue qu'elle était, elle surgit à la lumière comme un volcan sous-marin.

Qu'on le remarque aussi, l'histoire des soixante-dix

dernières années prouve encore qu'on ne rend pas cette souveraineté du peuple indestructible en lui livrant, solitaire et absolue, le maniement exclusif des choses publiques et que si, maîtresse sans partage en 92 et en 48, elle a succombé, un principe quelconque manquait à sa complète action et que cette action purement nationale n'offre pas une garantie suffisante.

Le Pays doit donc viser à l'alliance de la Monarchie et de la Démocratie. Cette alliance est possible puisqu'elle est rationnelle. L'on ne saurait vouloir ni de tout l'un ni de tout l'autre, parce que jusqu'ici, ni l'une ni l'autre n'ont pu vivre seules. A la Monarchie manquait le concours de la souveraineté populaire, à cette souveraineté faisait défaut un principe d'Autorité permanent. Nous croyons dès lors tout gouvernement français transitoire, s'il ne porte en lui une souveraineté nationale active et une souveraineté héréditaire franchement et loyalement admise.

Que serait-ce un Océan sans rivages? Sa diffusion sur une surface telle qu'il n'aurait pas même la profondeur d'une goutte d'eau. Et ce ne serait plus cette majestueuse immensité qui entre en harmonie avec l'infini de notre âme : telle est la souveraineté nationale dégagée du principe d'autorité que, le premier, nous nommons Souveraineté Héréditaire.

Mais, d'un autre côté, qu'est-ce que cette Souveraineté héréditaire privée du concours de la Souveraineté nationale? Ce n'est guère autre chose que l'un de ces grands noms historiques aux portes de l'hôpital ou au seuil de l'exil, et de tels contrastes sont loin d'exciter dans les masses, déjà si flottantes, les sentiments d'ordre et de stabilité.

La Démocratie, c'est-à-dire la Nation, vise au droit d'être elle-même. Or, la Monarchie est la possible manifestation de cette Souveraineté nationale, et la Monarchie, pour vivre et assurer le repos social, doit devenir l'auxiliaire de la Démocratie, sinon, l'une et l'autre séparées, se dissoudront en impuissants efforts.

Qu'on n'aille pas croire que jusqu'à cette heure la démocratie ait repoussé la monarchie. Ce serait là et c'est là une grave erreur des hommes politiques. En dehors de la Dynastie Napoléonienne, la démocratie a été repoussée par la monarchie, qui a voulu s'en servir, l'exploiter, l'user et n'a jamais cherché à se l'identifier. L'ombre a nié le corps, l'effet s'est prétendu cause.

Et c'est là une des tristes erreurs des gouvernements ou plutôt une de leurs plus déplorables faiblesses, de disjoindre l'unité nationale et de fonder au nom des lois une aristocratie, parce que tout ce qui n'est pas aristocratique est nécessairement repoussé dans le camp de la démocratie. Vous créez des adversaires là où la nature, où la société, où les relations qu'entraînent les intérêts publics et privés, placent des amis, la mutualité, la communauté d'efforts et l'égalité que proclament le simple bon sens et la dignité des instincts nationaux.

XII.

Contrairement à la Monarchie, la République visait à se faire gouverner par les classes d'en bas. Les Monarchies prétendent qu'elles doivent s'appuyer aux classes supérieures et qu'il leur faut un entourage de noblesse, un intermédiaire entre elles et la Nation.

Danger politique que toutes ces misères de mesquines vanités ! Au gouvernement Impérial nous disons : Appuyez-vous à la noblesse nationale, à l'aristocratie des masses. Que le peuple, indistinctement, soit votre cour. Il a besoin de vous ; vous avez besoin de lui. Le peuple, indistinctement, sait aimer d'un cœur désintéressé ; et plus il est pauvre, moins il est dominé par l'intérêt. S'il fut le courtisan fanatique du premier Empire, il sut aussi le défendre aux jours de malheur, différent en cela des courtisans de tous les régimes.

Qu'on y prenne garde, les intérêts matériels tendent à faire aujourd'hui l'unité dans l'État aussi bien que l'éducation ! Et alors que ces intérêts formidables, que cette éducation irrésistible nivellent, condensent, font de l'uniformité, de l'homogénéité, le fractionnement décrété par des lois ne saurait aboutir, tendrait à isoler ce qui doit être entouré, à rejeter en dehors de la Nation ce qui désormais ne saurait subsister sans elle.

A ceux qui autrefois voulaient faire de tout citoyen un sans-culotte, nous qu'animent des instincts aussi démocratiques que les leurs et qui, peut-être, avons plus réfléchi qu'eux, nous disons : vous réussiriez mieux à faire de tout citoyen un prince qu'un va-nu-pieds. Vous avez échoué en décrétant l'abolition des titres et vous eussiez réussi en décernant des titres à tous.

Telles sont nos idées démocratiques : nous voulons pour tout le monde de l'aristocratie. Un peuple de nobles nous convient mieux, surtout quand il s'appelle le peuple français, qu'un peuple de socialistes et la dignité de l'homme, si vous voulez ses vanités, nous préférons sa fierté native, vous sont garant que le peuple sans-culotte se désagrégerait en quelques jours pour réaliser des distinctions, tandis que le nôtre ferait des efforts pour ennoblir les siennes.

Il en est qui nous trouveront arriéré dans nos idées avancées. Elles sont pratiques. D'autres nous trouveront révolutionnaire. Dans tous les cas, nous sommes un révolutionnaire aristocratique parce que le cœur des hommes, et à la gloire de Dieu, est pétri d'aristocratie ! Nous n'admettons dès lors que les changements pouvant faire monter les positions individuelles, hausser l'esprit public, permettre à chaque nom la dignité de ses sentiments et rendre de plus en plus forte par l'unité, fière par le cœur la Nation à laquelle nous avons l'honneur d'appartenir, tout en restituant aux Pouvoirs le caractère d'universelle nationalité qu'ils semblent avoir perdu avec la permanence qui en dérive.

XIII.

La Souveraineté populaire s'exerce régulièrement ou irrégulièrement ; mais il faut qu'elle s'exerce. Elle s'appellera Représentation Nationale dans son palais législatif ou Révolution dans la rue. Il n'y a pas de milieu ; pas de terme moyen : ce sera tout l'un ou tout l'autre. Ce sera le naufrage de la Monarchie et de la Société, ou l'alliance prospère de la Monarchie et de la Démocratie.

Nous disons dès lors que le Pouvoir héréditaire immuable, représentant le principe d'Autorité et un Pouvoir législatif variable, représentant la souveraineté publique, suffisent.

Ils exprimeront, l'un la Souveraineté héréditaire, qui doit être permanente sauf à ne pas exister, l'autre la Souveraineté nationale, qui sera changeante dans ses moyens de manifestation, comme sont mobiles et passagers, progressifs et transformables les intérêts en voie de se produire, de se développer ou de décliner. L'une née du besoin de stabilité pour l'ordre, l'autre du besoin d'instabilité pour le progrès ; celle-là souveraine par nécessité sociale, celle-ci par son caractère national : le Souverain artificiel étant au Souverain naturel, c'est-à-dire à la Société, aggrégation portée à se dissoudre, ce que l'attraction est à la répulsion.

Ceux qui patronnent un troisième rouage destiné à

la pondération, traitent l'homme et la société en machines mathématiques et, ni la société ni l'homme ne furent jamais de passives mécaniques obéissant fatalement à des lois invariables.

Aussi, la pondération des pouvoirs n'a-t-elle servi jusqu'à ce jour qu'à l'irritation des partis; qu'à créer des barrages sur le courant des nécessités publiques; qu'à intercepter le jet de la volonté nationale; qu'à amonceler ce qu'il fallait dissiper; qu'à multiplier les frottements là où, sans frottements, une volonté unique, sous la sauvegarde d'une immuable Autorité, eût suivi un cours paisible, exempt des secousses que provoque la compression.

Du reste, la pondération des Pouvoirs, c'est l'excitation des Pouvoirs entre eux. L'on ne concilie jamais deux autorités croyant avoir droits égaux à une volonté souveraine. C'est un danger. La division des Pouvoirs divise la Nation : pour la stabilité, les gens paisibles; pour l'agitation, les turbulents et ceux-ci possèdent l'audace des positions irresponsables.

XIV.

Cette pensée de Souveraineté Nationale en exercice régulier excitera les murmures des trembleurs. Trembler, ce n'est ni penser, ni prévoir, ni gouverner; ce n'est pas conjurer les orages dont tout horizon social est chargé et, après chaque révolution, nous ne trouverons pas des hommes taillés à la Napoléon pour remplir à pleins bords le lit de leur siècle et jeter l'ordre sur les bases du chaos.

L'incessante activité du peuple est impossible aux mains de la Nation. Nous disons cela aux démocrates. La marche sociale et politique d'un Pays exige unité d'action et d'impulsion, suite logique dans les idées et ce ne sont pas quarante millions d'âmes, agitées par la passion de toutes les intrigues, qui feront jamais l'unité d'impulsion, la logique suivie que commandent des intérêts extérieurs et intérieurs comme ceux que comporte la France.

D'un autre côté, il n'est pas rationnel et il est dangereux qu'une fois la Souveraineté Nationale déléguée, le peuple tombe en enfance jusqu'aux élections périodiques et soit fatalement réduit au rôle de la plus passive nullité.

Par le principe de la Souveraineté héréditaire, le problème est résolu et c'est là que se fait l'alliance de la Monarchie et de la Démocratie. Par le principe d'Autorité, la nation ne s'abdique jamais. Il est pour elle le gardien de son activité incessante, résultant du droit de dissolution, cet appel au juge suprême. Il en est le dépositaire et la tient latente dans ses mains comme au sein d'un nuage se cache la foudre. Alors que la Représentation existe, la Nation n'existe politiquement plus ; mais la Souveraineté héréditaire l'accueille aussitôt. Elles se confondent, le peuple pour travailler à sa fortune dans l'oubli des dangers ou des fautes qui menacent ses labeurs, l'Autorité pour faire sentinelle et veiller à la sincérité de la Représentation, la Souveraineté héréditaire plus peuple alors que le Corps législatif et plus peuple encore que le peuple lui-même.

Tout ce qui sera accordé de véritable autorité au Corps Législatif, sera enlevé aux masses turbulentes, aux justes susceptibilités de la Nation et remontera à la Souveraineté héréditaire, dont la puissance se trouvera en juste proportion du moins que sera le peuple, du plus que sera sa Représentation.

Quant aux effets de la puissance du Corps législatif sur le Pouvoir exécutif, ils ne seront jamais révolutionnaires dans une société comme la nôtre, où l'immense majorité du Pays a plus à perdre qu'à gagner aux révolutions.

Que la Souveraineté héréditaire ne le perde pas de vue, elle pourrait aussi bien fonder son crédit auprès de la Nation que sa Représentation elle-même. Le droit de dissolution, conféré au principe d'Autorité, fait du Pouvoir exécutif la plus démocratique des institutions politiques. La Souveraineté héréditaire, dans les cas de dissolution, devient Souveraineté nationale.

XV.

Vient maintenant une question délicate : il s'agit de la Presse. Nous avons voulu sa liberté jusqu'en 1848, c'est-à-dire jusqu'au moment où les doctrines ont reçu l'épreuve de la pratique.

Il est bien vrai que c'est là une sainte théorie appliquée à un peuple de saints. Le droit de tout dire ! ne dire que la vérité, favorable ou contraire ! répondre avec Montesquieu : ne croyez ni mon adversaire ni moi! Mais, sommes-nous des saints par nos mœurs, par nos passions, nos intérêts, nos ambitions effrénées, par notre esprit d'insubordination contre toute hiérarchie de position, de talent, de vertu, de pouvoir et même de famille? Si l'on doute, il faut lire les deux ou trois mille journaux publiés en France à l'époque de 48 et l'on nous dira ce que la presse a respecté, ce qu'elle n'a pas terni, même sali et si la pratique vaut le principe sur ce premier plan de la liberté?

La presse? que n'avait-elle fait de Louis-Napoléon et quel n'a pas été l'étonnement de la France et de l'Europe de trouver en lui, dans ce crétin de la presse, un grand homme qui frappe aujourd'hui le monde par l'élévation de sa politique, la profondeur de ses vues; par l'audace des desseins, la prudence dans l'exécution et par la domination de soi jusques dans les succès les plus entraînants?

Les hommes de tous les partis, en politique, dans les sciences, dans les arts, dans la vie privée, ont laissé aux serres de la presse quelque vertu de leur caractère et les plus nobles attributs de leurs sentiments. Elle les a dotés de tout ce qui ne leur appartenait pas ou les a dépouillés de ce qui leur était propre. A sa convenance elle fait grand ce qui est petit et petit ce qui est grand. Avec elle nul citoyen ne reste debout dans la vérité de sa physionomie propre, et tout bien ou tout mal dit par la presse ennemie ou adverse, il n'est homme quelque peu public qui ne se trouve converti en tache obscure sur le fond lumineux de notre histoire.

Toute célébrité devenant une flétrissure, l'on comprend l'effet qui en résulte pour les mœurs publiques et privées : c'est la démoralisation en bas et le dégoût en haut. Du dégoût au relâchement des devoirs et de la démoralisation aux révolutions, il n'est qu'un pas. Que respectent des hommes politiques dégoûtés et un peuple accoutumé au mépris ?

La presse fut trop et sera toujours trop en France une caricature écrite ou dessinée. Il est permis de rire, il faut rire des ridicules, mais non des vices ; encore moins faut-il rire des choses respectables. La presse fut aussi une mégère impudente bavant le venin des mille rages de l'envie, tandis que son attitude et sa parole appartiennent à un culte que tout penseur honnête homme trouve malgré lui monumenté au fond de sa conscience. Qu'il l'écoute : il pensera le bien et le conseillera. Toute conscience est religieuse et les sentiments religieux jugent de haut hommes et choses : ils jugent avec justice comme avec dignité.

Sans la liberté de la presse, presque tout gouvernement peut tenir ; avec la liberté de la presse, aucun gouvernement ne se maintiendra.

C'est que la presse ne vit qu'aux dépens des gouvernements. Sans gouvernements pas de presse ; avec la presse pas de gouvernements.

A quoi bon une presse pour détruire ? Mieux vaudrait décréter de suite la suppression des gouvernements. Si les gouvernements sont nécessaires, la presse est impossible.

La puissance d'une Nation se révèle par l'union la plus intime entre le peuple et le Pouvoir. Le propre de la liberté de la presse est, non-seulement de tenir en

haleine les partis existants, mais encore d'en créer, d'en organiser et de les faire fonctionner.

Parce que vous proclamez inviolable la liberté individuelle, laisserez-vous une arme ou du poison entre les mains d'un fou furieux et, cela, afin de ménager les principes?

Pousser à toutes les libertés, on appelle cela faire du patriotisme, et c'est du reste se rendre populaire. Mais, presque toutes ces libertés que tant on vante, à qui profitent-elles? Elles ne profitent guère qu'à ceux qui doivent en abuser.

Tout est relatif. Il n'est pas de petits intérêts dans un État. Or, cette masse de petits intérêts réels, la masse des grands intérêts, l'homme de bien, l'homme de sens ne se plaindront jamais de manquer de liberté sous le gouvernement impérial, et ils en auront toujours assez parce qu'ils sauront en user.

Les hommes d'abus poussent seuls au relâchement des liens sociaux et trouvent la liberté constamment trop restreinte.

Le devoir de la société est de rester sourde à la voix des hommes d'abus. Qu'elle laisse toute latitude au bien ; qu'elle n'en laisse aucune au mal.

Il en est qui ne reconnaissent un peuple libre qu'à la liberté de la presse. Et nous ne reconnaissons peuple libre que celui qui, sans liberté de presse, sait dire toute sa pensée, parce qu'il est digne de l'être et qu'il l'est en effet.

Aucun Pouvoir, quelque susceptible qu'il soit, ne s'opposera jamais à ce que vous disiez le bien avec convenance, parce que vous vous exprimerez de manière à être utile, sans vous exposer à nuire.

Mais, voudriez-vous la reproduction en grand de ce que la presse fut de 1815 à 1830 ; de 1830 à 1848, de 1848 à 1852 ? Si vous vouliez que la presse pût chaque matin lever la toile sur un parlement de passions, de calomnies, d'insinuations tendant à défigurer, aux yeux des peuples, les bons comme les mauvais actes du gouvernement, il y aurait faute à ce gouvernement de respecter votre liberté individuelle, dangereuse pour la liberté, pour les intérêts, pour la sécurité de tous. Tous ne seront jamais ni libres, ni en sécurité, si un seul est plus libre que tout le monde. La liberté moderne que vous proclamez n'est autre chose qu'un despotisme et le pire, celui de chacun. Vous voulez de la liberté privée et vous niez en même temps la liberté publique. Or, chacun est esclave quand tous ne sont pas libres.

Quel but utile trouvez-vous à la liberté de presse ? Est-ce la liberté qu'une liberté dont on abuse depuis soixante-dix ans ? Cette presse, qu'a-t-elle créé ? Cette presse, que n'a-t-elle détruit ? Montrez-nous les progrès réalisés par elle dans les institutions, dans les mœurs, dans le bien-être matériel et moral du pays ? Qu'on signale surtout les améliorations apportées dans son esprit, dans sa partialité, dans ses excitations passionnées.

Selon nous, et pour les clairvoyants, elle a tout abâtardi, elle a tout tarifé, blâmes et louanges, principes et abonnés ; elle a tout mis en insurrection dans la société publique comme dans la société privée.

Mais, élevons-nous plus haut. La presse libre devient dans un État un pouvoir rival du pouvoir légal. La presse domine même les pouvoirs légaux et les réduit à un rôle désastreux de courtisanerie.

De quel droit, nous le demandons, ce pouvoir monstrueux subsiste-t-il? Où sont ses titres? Ses délégations nationales? Que représente-t-il et en vertu de quel mandat?

Répondez-nous, là est le fond de la question. Un capitaliste assez riche, un homme de talent assez adroit pour accréditer un journal, peuvent donc en droit agiter le pays à leur gré et, en fait, renverser les pouvoirs nationaux?

Un Député, un Sénateur, un Conseiller d'État produiront leur titre d'origine. Un Conseiller Municipal et un Garde Champêtre sont dans le même cas. Ils constituent des pouvoirs délégués. Ce qu'ils sont, il ont droit de l'être ; ce qu'ils font, ils ont droit de le faire. Derrière ceux-ci le Souverain, derrière ceux-là une Nation.

Mais la presse, qu'elle nous montre donc ses titres à constituer une puissance rivale et dominatrice même des pouvoirs publics?

La presse, comme l'entendent et comme la pratiquent quelques hommes, beaucoup trop d'écrivains, n'est qu'une usurpation. Elle est le triomphe des minorités sur les majorités et la honte du droit du plus fort asservi à la violence du plus faible. Elle est le despotisme de ce qui n'est pas, sur ce qui est et sur tout ce qui pourra être ; c'est la dissolution sociale, la dispersion humaine, la suprême expression d'un individualisme qu'on exalte depuis deux siècles et dont on a fini par faire une idole assez caduque pour nier tout, excepté soi.

XVI.

Il en est qui engagent le gouvernement Impérial à rendre les écarts de la presse à la juridiction des tribunaux.

Faites avant qu'un rocher qui pointe en mer ne soit pas à toute heure battu par les flots. Réfutez avant tout nos arguments et prouvez que le pouvoir dressé en épidémie contagieuse par la presse , au sein de l'État, ne fonde pas une usurpation destructive de tout ordre social.

Un gouvernement qui s'impose même peut le bonheur public ; mais la presse ne peut que la suppression consécutive de tous les gouvernements. Cette usurpation n'a dès lors de possible, dans son action , que la fin des sociétés.

Pour notre compte, nous croyons plus que jamais à l'indispensable nécessité de la législation actuelle sur la presse. Bien mieux, un Ministère de la presse et de l'esprit public, embrassant les cultes, l'instruction publique, les arts, rendrait des services autrement signalés qu'un Ministère de la Police. Lorsqu'on administre la matière, nous ne concevons pas qu'on abandonne les esprits. La cause prime cependant ses effets. Des Ministres pour tout, excepté pour ce qui fait ministres, citoyens, progrès, stabilité, ordre, paix, confiance, dignité nationale, richesse morale d'un peuple, union des gouvernements et des gouvernés.

Mais, dira-t on, vous organisez officiellement le despotisme. D'abord, le despotisme d'un seul, en tant que despotisme, est préférable au despotisme de tous, c'est-à-dire des partis, ou mieux des coteries ; car tous ne sont jamais rien, sous la démocratie, qu'un prête-nom aux mains des plus habiles. Or, notre époque est assez riche d'individualisme et d'ambitions personnelles sans y ajouter par la forme politique un nouvel excitant.

Puis, est-ce un despotisme que de se garer des perturbateurs ? Le droit de légitime défense est-il un abus pour les particuliers ? Le serait-il plus pour l'État ? Quelle différence y a-t-il entre le fer qui frappe et la parole qui arme le bras révolutionnaire par d'insultantes insinuations, en déversant la défiance et le discrédit, la honte et le mépris sur le Pouvoir, qui vit avant tout de confiance et de dignité ?

Vous châtiez les voies de fait et vous érigeriez en principe inviolable le droit d'émettre une pensée mobile de toute voie de fait ? Nous ne dirons pas avec M. Proudhon : la propriété, c'est le vol ; mais nous répéterons : la liberté de la presse est une usurpation.

Parce que vous êtes gouvernement, est-ce un motif pour s'offrir en victime expiatoire à tous les coups ? Parce qu'il faut un gouvernement, est-ce une raison pour que votre liberté ne soit complète qu'à la condition de pouvoir vilipender ce gouvernement ? Un gouvernement est-il fondé pour servir de pâture à l'esprit révolutionnaire ? Non : il est établi pour durer. Or, s'il y a crime à tenter le renversement de ce que tous ont créé, le principe de la liberté de la presse, qui est une permanente tentative de destruction, se trouve faux et ne devient à nos yeux qu'un préjugé de notre peur moderne du silence féodal. C'est l'extrême opposé d'un extrême; c'est l'individu substitué à la société; c'est le crime justifié dans sa cause; c'est non-seulement un non-sens, non-seulement un viol, non-seulement un faux en écriture publique, c'est encore une immoralité.

Il est en effet immoral qu'on puisse tout dire, quand le droit de tout dire entraîne logiquement le droit de tout faire.

Or, le droit de presse est illimité ou il est restreint. S'il est illimité, le droit de tout dire comportant celui de tout faire et tout n'étant pas faisable, vous proclamez un principe immoral. Si tout est faisable et il le faut pour donner raison à votre logique, vous proclamez morales toutes les actions. Il n'existe donc pas d'immoralité. Notre organisation est parfaite et nous voilà dépourvus de passions : le monde ne saurait leur offrir ni appâts ni périls et nous sommes de purs esprits dans une pure sphère spirituelle. Où allons-nous de cette allure, grand Dieu, dans la voie des utopies?

Si le droit de presse est restreint, où posez-vous la limite? Vous la placez ici, le Pouvoir et la Société l'arrêtent là. Par cette dernière hypothèse, vous niez la liberté de la presse. Vous en rendez la réglementation au gouvernement. Ce qu'il fait, il a droit de le faire et vous ne sauriez vous plaindre. Pourquoi donc vous plaignez-vous?

L'ordre est aujourd'hui rétabli, et cependant l'on ne supprime pas la gendarmerie. Le rétablissement de la presse libre serait la résurrection des lois exceptionnelles, et nous croyons au bon effet de leur suppression.

XVII.

La Représentation nationale actuelle ne jouit point des prérogatives incombant à son autorité de droit. Elle n'est autre chose qu'un principe conservé. Dans ce cas, mieux valait la supprimer complétement, que de la maintenir à l'état de sommeil. Elle se réveillera.

Les étoiles les moins perceptibles dans le fond du ciel ne sont pas les plus petites. Leur grosseur apparente est une affaire de distance et d'optique. En toute vérité, ces étoiles sont les plus grandes.

Ainsi de notre Corps législatif qui sommeille et dont personne ne se préoccupe. L'autorité que n'a pas cette Représentation nationale, principe latent, mais constitué, elle la reprendra un jour ou l'autre, au-delà même de ses attributions de droit et dans des circonstances où la fougue de son émancipation pourra devenir dangereuse.

Il serait donc sage de la rétablir dès aujourd'hui dans la plénitude de son action normale, sous les yeux mêmes de Napoléon III, qui en surveillerait le jeu durant le règne entier que lui réserve la Providence.

Le mot Dynastie implique succession de Princes. Il faut donc songer à la mort sous la couronne et s'y préparer, comme y songe et s'y prépare un simple chef de famille.

Une cour, une armée de soldats et de fonctionnaires ne valent pas une nation et des institutions nationales pour remplir le rôle sacré de dépositaire du principe d'Autorité. Une nation vit de ses idées et de ses sentiments; une armée, le corps des fonctionnaires appartiennent au parti le plus adroit ou le mieux favorisé des circonstances.

Admettant le principe d'une représentation nationale réelle, nous disons : que ses séances soient publiques ; qu'une exacte publicité répande ses discussions; qu'elle jouisse de l'initiative des lois concurremment avec le Pouvoir exécutif; mais que tout commentaire politique soit interdit à la presse quotidienne ou hebdomadaire.

La Tribune est la meilleure des presses. Cette presse offre des garanties sous le rapport des hommes, de leur choix, des talents, des caractères, de la responsabilité matérielle et morale : elle représente la Nation. Le Député qui parle répond de ses paroles et de son attitude : il subira le jugement de l'opinion légale du Pays.

Vous évitez le scandale et les périls de cette presse quotidienne qui défigure, outrage, discrédite et bouleverse tout sans mandat, sans responsabilité, sans avoir un seul compte à rendre; qui, heure par heure, sous le coup immédiat des plus fiévreuses sensations, révèle ses émotions par la plume et les déverse par la publicité sur le pays tout entier, qui absorbe jour par jour les jugements passionnés d'un perpétuel délire.

Vous ne verriez plus le moindre petit journaliste, sans autre poids que celui de sa plume, ravaler la dignité d'un Représentant et de la Représentation, ce qui est non-seulement contraire aux principes, mais encore souverainement indécent.

Il est indécent et contraire aux principes que la presse, pouvoir politique négatif par son origine, asservisse les Pouvoirs publics, comme il serait indécent et contraire aux principes que le mendiant prît possession du château à la porte duquel il tend la main. Le droit de penser ne donne pas celui de nuire; il ne donne pas celui d'usurper la propriété publique, telle que l'opinion, le gouvernement, la paix, la confiance, le crédit, la prospérité en un mot et de la confisquer au profit des hasards révolutionnaires. Vous êtes libre de penser; pensez tant qu'il vous plaira; mais pour vous et à votre bénéfice. Penser pour tous, à haute voix, tombe dans le domaine des intérêts généraux que régissent les gouvernements et, dans l'espèce, plus que pour toute autre sphère d'intérêts, une législation administrative et répressive devient indispensable.

Aucun principe ni public ni privé ne saurait admettre que le droit de penser peut se convertir en droit individuel d'abaisser et de détruire ce qu'un grand peuple édifie légalement.

La Chambre des Députés du régime constitutionnel, que fut-elle? Un danger pour le Pouvoir? Non. Elle le sauvegardait. Le Pouvoir, par la Chambre, pouvait faire des fautes dont la Chambre seule demeurait responsable. La presse seule en fit un péril de même que la rage transforme le chien le plus fidèle. Le Pays légal, c'est-à-dire les majorités, sont toujours dynastiques. Qu'une Dynastie ne craigne pas de placer la Nation entre elle et la Représentation, dans les circonstances

graves, abstraction faite des excitations de la presse et
les Dynasties pousseront d'indestructibles racines.

La Chambre des Députés, au fond, fut moins qu'on
ne voulait le croire. Coquette de bon ton, cherchant à
plaire au monde, cette Chambre faisait et refaisait sa
toilette du matin au soir pour plaire au Pays et, le
Pays, dupe de cet innocent et ridicule badinage, ado-
rait sa stérile héroïne du plus platonique amour. Mais,
la frivole, moins éprise du peuple que du principe
d'autorité, ce qui arrivera toujours, attirait l'un pour
le repousser et repoussait l'autre pour l'attirer.

Non, ce n'est pas cette Chambre qui compromit le
Pouvoir. Elle amusait, occupait les loisirs de la société;
paraissait héroïque, laissait croire à l'héroïsme de ses
commettants et, le spectacle fini, acteurs et spectateurs, impressions reçues et tirades débitées, tout
s'évaporait en poétiques brumes, chaque parti satisfait
de son rôle académique dans la bataille, d'où morts et
blessés revenaient bien portants.

Telle fut la Chambre constitutionnelle, incapable de
grandes choses et de grandes imprudences. Moins la
presse, elle eût ainsi doucement marché des siècles,
sans fatigue ni secousses, emportant avec elle sa Dynastie.

La presse quotidienne; le recrutement des ministres
dans la Chambre, à laquelle manquait la sanction du
suffrage universel; une loi électorale suffisante pour
briser les intrigues et châtier énergiquement les cabales,
voilà ce qui fit une ruine d'un monument bien propor-
tionné, sauf quelques accessoires superflus, au nombre desquels figurait le Sénat constitutionnel.

Quant au suffrage universel, dont nous venons de parler, ce n'est pas que nous nous abusions sur sa portée morale. Il n'a été libre qu'une seule fois jusqu'ici et n'a eu que cette unique fois l'initiative individuelle et volontaire de son choix. Il est vrai qu'il a fait alors un miracle; mais à l'aide du hasard. Le Prince Louis-Napoléon pouvait bien n'être pas ce qu'il s'est révélé. Dans les autres circonstances, nous savons la valeur intrinsèque du suffrage universel, son jeu, sa soumission aux meneurs de toutes origines. Mais il a pour lui le prestige et le droit. Il représente un immense principe et le plus rationnel de tous les principes sociaux. A chacun de savoir en user ou de se préparer à en faire usage. Il vous tire du néant et vous jette dans la vie : à vous de vivre !

XVIII.

Le premier Empire se partage en deux gloires : celle qui lui vient des armes et celle que lui valent les institutions civiles; l'une représentée par l'armée, l'autre par la législation.

La gloire militaire fut aristocratique et furtive dans ses résultats comme toutes ces gloires, quelle que soit leur époque dans le passé.

La gloire civile porte le cachet d'un profond libéralisme, et cette gloire a créé la France libérale avec ses intérêts libéraux.

Dès lors, désormais en France deux camps dans la

Nationalité Impériale : Dans l'un, les esprits de progrès ; dans l'autre, les esprits rétrogrades : ceux qui regardent en avant, ceux qui regardent en arrière : les hommes d'impulsion, les hommes de compression, le libéralisme, l'absolutisme.

Sous tous les régimes ces deux camps ont existé. Et, sous tous les régimes, le camp de la compression a prévalu sur le camp de l'impulsion. Le Gouvernement s'est fait rétrograde loin de se faire progressif et tous les régimes sont passés.

Des gloires de l'Empire, qu'est-il resté soit en France, soit en Europe? La gloire civile. Celle-là a plus fait que de conquérir des territoires à la possession violente et précaire. Elle a conquis l'homme dans ses mœurs, dans son esprit, dans ses intérêts, dans sa nationalité : elle a créé l'Europe française.

Napoléon mort fait donc plus que de régner sur notre vieux monde, il le gouverne et peut-être est-il plus Roi dans les Monarchies européennes que leurs Princes eux-mêmes.

L'Empereur Louis-Napoléon a pris le côté vrai de l'Empire. A chacun son rôle naturel : après le fondateur devait venir l'organisateur.

Et en supposant que les partis rétrogrades cherchent aujourd'hui à retenir le Monarque dans leur camp, le camp d'un libéral progrès verra figurer à sa tête, nous en sommes convaincu, l'homme, le simple particulier, le penseur que ses instincts, que ses méditations, que son génie, ses infortunes, l'ingratitude des grands, l'amour des petits ont fait l'homme du peuple.

Aussi, sourions-nous quand on vient nous dire que

cet ouvrage, écrit avec la conscience, encourra les censures du Pouvoir, par suite du libéralisme de ses idées et qu'il nous expose à la malveillance particulière du Chef de l'État.

XIX.

Résumons : Il n'est aujourd'hui en France qu'une institution, qu'un principe politique : l'Empereur. — Le grand avenir de notre Nation ne se trouve dès lors garanti que par une simple existence. — Est-ce suffisant pour assurer la quiétude morale du Pays et sauvegarder la masse colossale de nos intérêts matériels?— Les intérêts matériels sont mathématiques et veulent être mathématiquement régis. — L'absolutisme n'offre pas ces conditions. — Nous demandons par suite que l'avenir de la France et de la Dynastie Napoléonienne reçoivent pour base des institutions et un principe permanents. — A côté de la Souveraineté héréditaire doit, par contre, s'élever la Souveraineté nationale en activité d'action pour être réelle.—Avec une Chambre des Représentants, ayant l'initiative des lois, comme le Pouvoir exécutif, les séances de la Représentation seront publiques et publiées. — Ces séances rigoureusement publiées dans toute leur exactitude, tout commentaire politique devrait être interdit à la presse quotidienne. — Maintien du suffrage universel, bien qu'il ne soit pas moralement plus universel qu'à l'époque du suffrage restreint; mais il permet l'exercice d'un droit dont la Nation doit conquérir l'aptitude. — Régime constitutionnel, tout imparfait qu'il est dans sa pratique moderne, mais à l'usage duquel la société devra préparer les citoyens en leur inspirant les sentiments dignes, l'élévation d'idées, l'abnégation généreuse, qui constituent les grands hommes politiques ou du moins les hommes politiques honnêtes, toutes vertus qu'impose l'exemple social de leur pratique, ce qui revient à dire : Perfectionnons-nous tous individuellement, comme nous perfectionnons les agents matériels de notre fortune et, grande nation sous le rapport moral, nous assurerons au Pays un grand gouvernement.

Dans l'imperfection actuelle de nos mœurs et de nos caractères, des sentiments et des tendances, vous aurez beau doter l'État d'institutions irréprochables, laborieux et sombres rêveurs, elles échoueront devant l'esprit public.

Mais, chacun préfère rêver son gouvernement que de se réformer : c'est plus facile et plus tôt fait. Réformez-vous, rectifiez l'état moral de la Nation et tous les gouvernements pourront utilement fonctionner, surtout ceux qui reposent sur des bases rationnelles, comme la Monarchie représentative, qui permet le progrès dans la stabilité.

FIN.

POITIERS. — TYP. DE HENRI OUDIN.